12 Bedtime Stories in SPANISH and English

This book belongs to

_____

Table of Contents

The Moon Cake

EL PASTEL DE LUNA

There once was a little girl named Lisa who was snuggled in bed waiting to sleep. She gazed up at the night sky from her bedroom window and thought the full moon looked just like a giant cookie. Lisa wished she could taste the moon as she drifted off to sleep.

Había una vez una niña llamada Lisa

que estaba acurrucada en su cama esperando dormirse. Miraba el cielo nocturno desde la ventana de su habitación y pensaba que la luna llena se parecía a una galleta gigante. Lisa deseaba poder probar la luna mientras se dormía.

In her dream, Lisa found herself floating in the sky, surrounded by twinkling stars and the Milky Way flowing like a river of milk. It looked like the perfect drink to go with a giant moon cookie. She made a

magical golden cup out of stray
sunbeams, and filled it up with some of
the creamy Milky Way, ready for her
midnight snack.

En su sueño, Lisa se encontró flotando
en el cielo, rodeada de estrellas
brillantes y la Vía Láctea fluyendo
como un río de leche. Parecía la bebida
perfecta para acompañar una galleta
gigante de luna. Hizo una taza mágica
de oro con algunos rayos de sol
perdidos, y la llenó con un poco de la

cremosa Vía Láctea, lista para su merienda de medianoche.

As she reached the moon, Lisa discovered it was actually a giant moon cake! She took a big bite, and it was even more delicious than she had imagined. The moon cake was soft, sweet, and filled with a delicious, fluffy cream.

Al llegar a la luna, Lisa descubrió que ¡en realidad era un pastel de luna gigante! Dio un gran mordisco, y era aún más delicioso de lo que había imaginado. El pastel de luna era suave, dulce y lleno de una deliciosa crema esponjosa.

Stars fell down onto Lisa and her moon cake, like sweet, glittering sprinkles. When Lisa smiled she realized she had stars in her teeth and they made her smile sparkle and shine too. Lisa savored her magical midnight snack, happy in the dream that brought her such a delightful adventure.

Las estrellas cayeron sobre Lisa y su pastel de luna, como dulces y brillantes chispas. Cuando Lisa sonrió se dio cuenta de que tenía estrellas en los dientes y también hacían brillar su sonrisa. Lisa saboreó su mágica merienda de medianoche, feliz en el sueño que le había traído una aventura tan encantadora.

The Golden Meadow

EL PRADO DORADO

In a peaceful meadow, there lived a small pony named Paul. He often watched the bigger horses gallop swiftly through the grass, and wished he could run just as fast. But Paul's legs were shorter, and he couldn't keep up with them.

En un prado tranquilo vivía un pequeño poni llamado Paul. A menudo observaba a los caballos más grandes galopar rápidamente por la hierba y deseaba poder correr tan rápido como ellos. Pero las patas de Paul eran más cortas, y no podía mantener el ritmo.

One sunny afternoon, Paul trotted slowly through the meadow, feeling a little sad. As he moved closer to the ground, he discovered something wonderful. The meadow was filled with beautiful, golden dandelions! The taller horses, always running so fast, had never noticed these lovely blossom treasures.

En una tarde soleada, Paul trotó lentamente por el prado, sintiéndose un poco triste. Al acercarse al suelo, descubrió algo maravilloso. ¡El prado estaba lleno de hermosas y dorados dientes de león! Los caballos más altos, siempre corriendo tan rápido, nunca habían notado estos hermosos tesoros de flores.

Excited, Paul was excited to share his

discovery with the bigger horses. He gently plucked a few dandelions with his mouth and trotted over to the other horses. At first, they were curious about what Paul had brought them. They thought the cheerful flowers were amazing! Paul told them to look down, and for the first time they noticed the lovely happy flowers.

Emocionado, Paul quería compartir su descubrimiento con los caballos más grandes. Con su boca, suavemente

arrancó algunos dientes de león y trotó hacia los demás caballos. Al principio, se mostraron curiosos sobre lo que Paul les había traído. ¡Pensaron que las alegres flores eran increíbles! Paul les dijo que miraran hacia abajo, y por primera vez notaron las hermosas flores felices.

The bigger horses smiled, grateful for Paul's discovery. They realized that the meadow was even prettier than they had known, all thanks to the little pony's unique perspective. From that day on, Paul and the bigger horses celebrated their differences, knowing that each of them brought something special to their beautiful meadow home, and each other.

Los caballos más grandes sonrieron, agradecidos por el descubrimiento de Paul. Se dieron cuenta de que el prado era aún más bonito de lo que habían pensado, todo gracias a la perspectiva única del pequeño poni. Desde ese día, Paul y los caballos más grandes

celebraron sus diferencias, sabiendo
que cada uno de ellos aportaba algo
especial a su hermoso hogar de
pradera y a los demás.

Emelia and the Kitten

EMELIA y EL gatito

There once was a little girl named Emelia who wished for nothing more than to have a kitten. One sunny afternoon, Emelia lay down in the grass at the park to watch the clouds and drifted off to sleep.

Había una vez una niña llamada Emelia que no deseaba nada más que tener un

gatito. En una soleada tarde, Emelia se acostó en la hierba del parque para observar las nubes y se quedó dormida.

In her dream, she found a baby kitten wearing a vest and top hat who could dance and sing. Emelia giggled as she played with the talented kitten, singing along with him. They danced together in the sunshine, skipping between trees. They made wishes on dandelions.

En su sueño, encontró a un gatito bebé

que llevaba un chaleco y un sombrero de copa y podía bailar y cantar. Emelia se rio mientras jugaba con el talentoso gatito, cantando junto a él. Bailaron juntos bajo el sol, saltando entre los árboles. Hicieron deseos sobre las flores de diente de león.

Suddenly, Emelia was awakened by the sound of thunder. She sat up and realized the magical kitten was just a dream. Disappointed, Emelia began to run home to avoid the rain.

De repente, Emelia se despertó por el sonido del trueno. Se sentó y se dio cuenta de que el gatito mágico era solo un sueño. Desanimada, Emelia comenzó a correr hacia su casa para evitar la lluvia.

As she hurried under the darkening sky, she saw a boy holding a cardboard box that read "Free Kittens!" The boy looked worried, as he had only one kitten left and hoped to find it a loving home before the rain sent him running.

Mientras se apresuraba bajo el cielo oscurecido, vio a un niño que sostenía una caja de cartón que decía "¡Gatitos gratis!" El niño parecía preocupado, ya que solo le quedaba un gatito y esperaba encontrarle un hogar amoroso antes de que la lluvia lo obligara a correr.

The kitten's eyes sparkled as she took him into her arms. She named the kitten Max, and promised to love and care for him. Together, they made it home just before the rain.

Los ojos del gatito brillaron cuando Emelia lo tomó en sus brazos. Ella lo llamó Max y prometió amarlo y cuidarlo. Juntos, llegaron a casa justo antes de que empezara a llover.

Max might not have been as silly and magical as the kitten in her dream, but he was even better because he was real. Emelia was so happy as she cuddled her new best friend and Max felt the same way. He purred in her arms and both of them felt lucky.

Max podría no haber sido tan tonto y
mágico como el gatito de su sueño,
pero era aún mejor porque era real.
Emelia estaba tan feliz mientras
acurrucaba a su nuevo mejor amigo y
Max se sintió de la misma manera.
Ronroneó en sus brazos y ambos se
sintieron afortunados.

Butterfly Magic
MAGIA DE LA MARIPOSA

James was a boy who loved watching bugs. He marveled at the ants with their strong legs that could lift many times their weight. He admired grasshoppers with their long antennae which could hear sounds from great distances. He even found spiders fascinating, with their delicate, lace-like webs as strong as steel.

29

James era un niño al que le encantaba observar a los bichos. Se maravillaba con las hormigas y sus fuertes patas que podían levantar muchas veces su peso. Admiraba los saltamontes con sus largas antenas que podían oír sonidos desde grandes distancias. Incluso encontraba fascinantes a las arañas, con sus delicadas telas de encaje tan fuertes como el acero.

One day, James came across a strange bug that puzzled him. It didn't have the strong legs of an ant, the long antennae of a grasshopper, or the web-spinning skills of a spider. Not only did it have none of these things, but it looked more like a shell from the beach than an insect. James looked it up on the computer and discovered his strange insect was called a chrysalis, hanging from a tree branch.

Un día, James se encontró con un extraño insecto que lo desconcertó. No tenía las fuertes patas de una hormiga, las largas antenas de un saltamontes ni las habilidades de tejido de telarañas de una araña. No solo no tenía ninguna de estas cosas, sino que se parecía más a una concha de la playa que a un insecto. James lo buscó en la computadora y descubrió que su extraño insecto se llamaba crisálida, colgando de una rama de árbol.

James watched the chrysalis intently, wondering what kind of creature was inside. Suddenly, the chrysalis began to crack open. Slowly, a beautiful butterfly emerged, its wings still wet and crumpled.

James observó atentamente la crisálida, preguntándose qué tipo de criatura había dentro. De repente, la crisálida comenzó a agrietarse. Lentamente, emergió una hermosa mariposa, sus alas todavía húmedas y arrugadas.

James had witnessed a remarkable transformation. The mysterious bug had

33

changed into a stunning butterfly right before his eyes. James never forgot this experience and always paid even more attention to where he was walking after that. James felt like he had seen something magical.

James había presenciado una transformación notable. El misterioso insecto había cambiado en una impresionante mariposa ante sus ojos. James nunca olvidó esta experiencia y siempre prestó aún más atención a

dónde caminaba después de eso. James
sentía que había visto algo mágico.

The Brave Little Dog

EL VALIENTE PERRITO

In a small town there lived a tiny black dog named Charles who was scared of everything. He was afraid when he was alone, but he was also afraid he would be stepped on when people were around. He worried the sun would get too hot in the summer, but he also feared he might get too cold in the winter. He was never happy.

En un pequeño pueblo vivía un diminuto perro negro llamado Charles que tenía miedo de todo. Le daba miedo estar solo, pero también temía que la gente lo pisara cuando estaba cerca. Le preocupaba que el sol fuera demasiado fuerte en verano, pero también tenía miedo de sentir demasiado frío en invierno. Nunca estaba contento.

One day, Charles was in the park, feeling afraid of the trees, the grass, and a little girl playing with a kite. Suddenly, the kite began to fall from the sky, and it looked like it might crash right into the little girl. Charles was scared, but this time his fear was for someone else. He worried the girl might get hurt.

Un día, Charles estaba en el parque, sintiéndose asustado de los árboles, la hierba y una niña pequeña que jugaba con una cometa. De repente, la cometa comenzó a caer del cielo y parecía que iba a chocar justo con la niña. Charles estaba asustado, pero esta vez su miedo era por alguien más. Le preocupaba que la niña pudiera lastimarse.

Charles ran fast and jumped through the air, knocking the kite away just before it bumped into the girl. Everyone around them cheered and called Charles a hero. In that moment, Charles realized the best way to not be afraid was to be brave for someone else.

Charles corrió rápido y saltó por el

aire, alejando la cometa justo antes de que golpeara a la niña. Todos a su alrededor aplaudieron y llamaron a Charles un héroe. En ese momento, Charles se dio cuenta de que la mejor manera de no tener miedo era ser valiente por alguien más.

From that day on, whenever Charles felt scared, he thought of the little girl he had saved. His newfound bravery helped him face his fears, and he became a happier, more courageous dog, ready to help others in need.

A partir de ese día, cada vez que Charles se sentía asustado, pensaba en la niña que había salvado. Su nueva valentía lo ayudó a enfrentar sus miedos y se convirtió en un perro más feliz y valiente, dispuesto a ayudar a otros que lo necesitaran.

The Bluebird of Happiness

EL PÁJARO AZUL DE LA FELICIDAD

Sarah wanted to give her mother a special gift. She searched her room for something to use but only found a single sheet of paper and a blue crayon.

Sarah wondered what she could create with such simple materials. She thought for a long time, and then, had a brilliant idea. With the blue crayon, she carefully drew feathers all over the paper, making it look like the beautiful feathers of a bird.

Sarah quería darle un regalo especial a su madre. Registró su habitación en busca de algo que pudiera utilizar, pero solo encontró una hoja de papel y un crayón azul.

Sarah se preguntó qué podría crear con materiales tan simples. Pensó durante mucho tiempo, y luego, tuvo una idea brillante. Con el crayón azul, dibujó cuidadosamente plumas por todo el papel, haciéndolo parecer como las hermosas plumas de un pájaro.

Next, Sarah began to fold the paper, creasing it this way and that. She followed her instructions from a video, making many intricate folds until she had crafted a delicate origami paper bird.

Sarah thought it was very pretty. She ran to her mother and presented the paper bird as a gift. "I've brought you the bluebird of happiness," she exclaimed.

Luego, Sarah comenzó a doblar el papel, creándolo de esta manera y de aquella. Siguió las instrucciones de un video, haciendo muchos pliegues intrincados hasta que había creado un delicado pájaro de papel origami.

Sarah pensó que era muy bonito. Corrió hacia su madre y presentó el pájaro de papel como un regalo. "Te he traído el pájaro azul de la felicidad", exclamó.

Her mother's eyes lit up with joy, admiring the thoughtful creation. She hugged Sarah tightly and said, "I have a bluebird of happiness and a daughter of happiness. This bluebird is a wonderful reminder of the love and joy you bring into my life."

Los ojos de su madre se iluminaron de alegría, admirando la atenta creación. Abrazó a Sarah con fuerza y dijo:

"Tengo un pájaro azul de la felicidad y una hija de la felicidad. Este pájaro azul es un recordatorio maravilloso del amor y la alegría que traes a mi vida".

Sarah felt a warm glow inside, knowing that even simple gifts could bring happiness to those she loved. From that day on, the bluebird of happiness held a special place in their home on the kitchen table and never failed to bring them joy every day.

Sarah sintió un cálido resplandor en su interior, sabiendo que incluso los regalos simples podían traer felicidad a quienes amaba. A partir de ese día, el pájaro azul de la felicidad ocupó un lugar especial en su hogar sobre la mesa de la cocina y nunca dejó de brindarles alegría todos los días.

Raphael's Gift

EL REGALO DE RAFAEL

There once was a little cloud named Raphael. Raphael was always sad because he never stopped raining wherever he went. All the children would frown when they saw him coming and run indoors. They couldn't play outside when it rained.

Había una vez una pequeña nube

llamada Rafael. Rafael siempre estaba triste porque nunca dejaba de llover donde quiera que fuera. Todos los niños fruncían el ceño cuando lo veían venir y corrían adentro. No podían jugar afuera cuando llovía.

Raphael wished he could be like the other clouds that came with sunshine and glowed pink in the beautiful sunsets. Raphael was lonely. Even though he was light and fluffy his heart was heavy.

Rafael deseaba poder ser como las otras nubes que venían con el sol y brillaban de rosa en los hermosos atardeceres. Rafael estaba solo. A pesar de ser ligero y esponjoso, su corazón era pesado.

One day, Raphael drifted to a very dry place where it hardly ever rained. The ground was parched, and the flowers were drooping in thirst. As Raphael approached he saw a group of children playing. He tried to hold back his tears, but the rain started falling, as it always did.

Un día, Rafael se desplazó a un lugar muy seco donde casi nunca llovía. El suelo estaba reseco y las flores se marchitaban de sed. Cuando Rafael se acercó, vio a un grupo de niños jugando. Intentó contener sus lágrimas, pero la lluvia comenzó a caer, como siempre lo hacía.

To his surprise, the children in this new

place were delighted to see him! They ran outside, laughing and splashing in the puddles he created. They thanked Raphael for watering the thirsty flowers and bringing cool air to a hot day.

¡Para su sorpresa, los niños de este nuevo lugar estaban encantados de verlo! Salieron corriendo, riendo y chapoteando en los charcos que él había creado. Le agradecieron a Rafael por regar las flores sedientas y por traer aire fresco a un día caluroso.

For the first time, Raphael felt appreciated and understood. He realized that even though his rain was not always welcome everywhere, there were places where he was needed. Raphael learned that everyone has a special gift, and sometimes it just takes longer to discover what that gift is.

Por primera vez, Rafael se sintió apreciado y comprendido. Se dio cuenta de que aunque su lluvia no siempre era bienvenida en todas partes, había lugares donde era necesaria. Rafael aprendió que todos tienen un regalo especial y que a veces solo se necesita más tiempo para descubrir cuál es ese regalo.

From that day on, Raphael's tears turned into happy raindrops, and he knew that he could bring joy and refreshment to the world, one rain shower at a time.

A partir de ese día, las lágrimas de Rafael se convirtieron en gotas de lluvia felices, y él sabía que podía llevar alegría y frescura al mundo, una lluvia a la vez.

Owl Thoughts

PENSAMIENTOS DE BÚHO

A wise owl was very bored. He loved to solve puzzles but he lived in a hollow tree and he had run out of things to think about. He often felt bored with nothing to challenge his clever mind. One day, a piece of newspaper blew into his home, and he discovered the joy of crossword puzzles.

Un sabio búho estaba muy aburrido. Le encantaba resolver acertijos, pero vivía en un árbol hueco y se había quedado sin cosas en qué pensar. A menudo se sentía aburrido sin nada que desafiara su mente ingeniosa. Un día, un pedazo de periódico voló hacia su hogar, y descubrió la alegría de los crucigramas.

At first, the owl didn't understand how to play, but he read the instructions and practiced until he figured it out.

He couldn't wait to find more puzzles to solve but he didn't know where he could find more games like this.

Al principio, el búho no entendía cómo jugar, pero leyó las instrucciones y practicó hasta que lo descubrió. No podía esperar para encontrar más acertijos para resolver, pero no sabía dónde encontrar más juegos como ese.

One day, the owl spotted a newspaper on a park bench and swooped down to take it back to his tree, thinking it was discarded. A man yelled up at him, explaining that he was only halfway through the crossword.

Un día, el búho vio un periódico en un banco del parque y se lanzó a tomarlo de vuelta a su árbol, pensando que estaba abandonado. Un hombre le gritó, explicando que solo estaba a la mitad del crucigrama.

Feeling guilty, the owl returned the newspaper to the man. As they chatted, they tried to solve the next word in the puzzle together. They realized they had a lot in common and became best friends.

Sintiéndose culpable, el búho devolvió el periódico al hombre. Mientras charlaban, intentaron resolver juntos la siguiente palabra en el acertijo. Se dieron cuenta de que tenían mucho en común y se convirtieron en mejores amigos.

From then on, the man always brought two copies of the newspaper to the park: one for him and one for his puzzle-loving owl friend. The wise bird and the man spent many happy hours together, solving crossword puzzles and enjoying each other's company.

Desde entonces, el hombre siempre llevaba dos copias del periódico al parque: una para él y otra para su amigo búho amante de los acertijos. El sabio pájaro y el hombre pasaron

muchas horas felices juntos,
resolviendo crucigramas y disfrutando
de la compañía del otro.

New Home for a Lost Shoe

Nuevo hogar para un zapato perdido

There once was a lost shoe that felt very alone without its partner. Many noticed the lost shoe. They would pick it up, say how nice it was but then drop it. What good was a single shoe? Feeling unwanted, the shoe almost gave up hope.

One cold night, someone threw the shoe away at the edge of the woods. The shoe was very sad, thinking it might stay there, lonely in the weeds, forever.

Había una vez un zapato perdido que se sentía muy solo sin su pareja. Muchos notaban el zapato perdido. Lo recogían, decían lo bonito que era, pero luego lo dejaban caer. ¿De qué servía un solo zapato? Sintiéndose no deseado, el zapato casi perdió la esperanza.

Una fría noche, alguien tiró el zapato al borde del bosque. El zapato estaba muy triste, pensando que podría quedarse allí, solitario en la maleza, para siempre.

Just then, a nearly frozen mother mouse and her three children ran by. They had had to leave their snug warm home and we looked for a new place.The shoe kindly offered them shelter, explaining that his rubber sole could keep the rain out, and they could use the laces to tie the opening closed against the cold night.

Justo entonces, una madre ratón casi congelada y sus tres hijos corrieron por allí. Habían tenido que dejar su cálido y cómodo hogar y buscaban un nuevo lugar. El zapato amablemente les ofreció refugio, explicando que su suela de goma podía mantener la lluvia afuera y que podrían usar los cordones para cerrar la abertura contra la fría noche.

The mouse family gratefully accepted the offer and found that the shoe was a warm and cozy home. The entire mouse family agreed, the lost shoe was a perfect mouse home.

The shoe was no longer lonely. He was proud to keep the mouse family safe and warm. He realized that even if he wasn't part of a pair, he could still make a difference in the world. The shoe's heart was always full, knowing he had found a new purpose and a loving family.

La familia de ratones aceptó

agradecida la oferta y descubrió que el zapato era un hogar cálido y acogedor. Toda la familia de ratones estuvo de acuerdo en que el zapato perdido era el hogar perfecto para los ratones.

El zapato ya no estaba solo. Estaba orgulloso de mantener a la familia de ratones segura y caliente. Se dio cuenta de que, aunque no era parte de un par, aún podía hacer una diferencia en el mundo. El corazón del zapato siempre estuvo lleno, sabiendo que había encontrado un nuevo propósito y una

familia amorosa.

Herbert Writes a Story

HERBERT ESCRIBE UNA historia

Herbert wanted to write a story. He dreamed of writing the best book in the world. He started by using a typewriter, but the story just wouldn't come out right. Frustrated, he got rid of the machine and the unfinished story.

Herbert quería escribir una historia. Soñaba con escribir el mejor libro del mundo. Comenzó usando una máquina de escribir, pero la historia simplemente no salía bien. Frustrado, se deshizo de la máquina y la historia inconclusa.

Next, Herbert tried writing with an ink pen. But once again, the story didn't seem to work. He threw out the pen and the story, feeling discouraged. Herbert decided to try one more time, this time using a pencil.

Luego, Herbert intentó escribir con una pluma. Pero una vez más, la historia no parecía funcionar. Tiró la pluma y la historia, sintiéndose desanimado. Herbert decidió intentarlo una vez más, esta vez usando un lápiz.

Herbert was tired of starting his story over and over. He was determined, so he kept writing until he finally finished writing the whole thing. When he looked at all the words he put down on paper, he realized it might not be the best story in the world, but it didn't matter to him anymore.

Herbert estaba cansado de empezar su historia una y otra vez. Estaba decidido, así que siguió escribiendo hasta que finalmente terminó de escribir toda la cosa. Cuando miró todas las palabras que había escrito en papel, se dio cuenta de que quizás no era la mejor historia del mundo, pero ya no importaba.

Herbert learned an important lesson: the most important thing wasn't to make something better than everyone else. Making it the best he could do was just fine. He felt proud of his accomplishment and cherished the story he had written, knowing it was special because it was the one he managed to complete. And in his heart, that made it the best story in the world for him.

Herbert aprendió una lección importante: lo más importante no era

hacer algo mejor que todos los demás.
Hacerlo lo mejor que pudiera estaba
bien. Se sentía orgulloso de su logro y
valoraba la historia que había escrito,
sabiendo que era especial porque era la
única que había logrado completar. Y
en su corazón, eso lo convirtió en la
mejor historia del mundo para él.

Fueled by Imagination

Impulsado por la imaginación

There was a young boy named Tommy who loved race cars but he knew he couldn't afford to buy a real one yet. He decided to make his own race car using a large cardboard box. First, he painted it with bright colors and added racing stripes, but as he looked at it he decided something was missing. Wheels!

Había un niño llamado Tommy que amaba los carros de carrera, pero sabía que aún no podía permitirse comprar uno real. Decidió hacer su propio carro de carrera usando una caja grande de cartón. Primero, lo pintó con colores brillantes y añadió rayas de carreras, pero al mirarlo, se dio cuenta de que faltaba algo. ¡Las ruedas!

Tommy searched for something that could be wheels and found some discarded aluminum pie plates. He attached them to his race car. Something was still missing, and he realized his car needed headlights. He used the shiny bottoms of old cans to create dazzling lights.

Tommy buscó algo que pudiera ser ruedas y encontró algunos platos de aluminio desechados. Los unió a su carro de carrera. Aún faltaba algo, y se dio cuenta de que su carro necesitaba faros. Utilizó el fondo brillante de latas

viejas para crear luces deslumbrantes.

His race car was looking very good, but still, something was missing. Tommy needed a steering wheel! He looked around and found a bucket lid that made the perfect steering wheel. Now, his race car was complete.

Su carro de carrera estaba luciendo muy bien, pero todavía faltaba algo. ¡Tommy necesitaba un volante! Buscó alrededor y encontró una tapa de cubo que hizo el volante perfecto. Ahora, su carro de carrera estaba completo.

Just then, Tommy's mom pulled into the driveway and saw her son's imaginative creation. She was very proud and told Tommy she liked his car even more because he had used his imagination to find all the parts he needed to complete his project. As he climbed into his car, Tommy imagined himself racing at lightning speed, fueled by the limitless power of his imagination.

En ese momento, la mamá de Tommy llegó al camino de entrada y vio la creativa creación de su hijo. Estaba muy orgullosa y le dijo a Tommy que le gustaba aún más su carro porque había utilizado su imaginación para encontrar todas las partes que necesitaba para completar su proyecto. Mientras se subía a su carro, Tommy se imaginaba corriendo a la velocidad del rayo, impulsado por el ilimitado poder de su imaginación.

A Beautiful Melody

Una Hermosa Melodía

There once was a trumpet who always seemed to play the wrong song. The other instruments in the band didn't like him around because he was always offbeat and wandered through the musical notes on his own, forgetting to follow along like the rest of the band.

Había una vez una trompeta que siempre parecía tocar la canción equivocada. Los demás instrumentos de la banda no la querían cerca porque siempre estaba desafinada y se desviaba por las notas musicales por su cuenta, olvidando seguir el ritmo como el resto de la banda.

One day the trumpet heard a woman singing. He followed the sound to where a happy woman was hanging up her laundry. Her music was unique, unlike anything he had ever heard before. She was also offbeat and wandered through the musical notes on her own, just like him.

Un día, la trompeta escuchó a una mujer cantando. Siguió el sonido hasta donde una mujer feliz estaba tendiendo su ropa. Su música era única, nada como lo que había escuchado antes. También estaba desafinada y se desviaba por las notas musicales por su cuenta, como ella.

The trumpet thought her song was perfect and began to toot along with her. Together, they sounded wonderful, and everyone who heard them clapped and cheered. The woman and the trumpet played in perfect harmony with each other.

La trompeta pensó que su canción era perfecta y comenzó a tocar con ella. Juntos sonaban maravillosamente bien, y todos los que los escuchaban aplaudían y vitoreaban. La mujer y la trompeta tocaban en perfecta armonía entre sí.

It was then that both the trumpet and the woman realized they hadn't been playing the wrong song, they had just never found the right band. From that day on, the trumpet and the woman played their unique music together, filling the world with their special songs and showing the world that there is always room for more music, even when it didn't seem in harmony.

Fue entonces cuando tanto la trompeta como la mujer se dieron cuenta de que no habían estado tocando la canción equivocada, simplemente nunca habían encontrado la banda adecuada. Desde ese día, la trompeta y la mujer tocaban su música única juntos, llenando el mundo con sus canciones especiales y mostrando al mundo que siempre hay lugar para más música, incluso cuando no parezca estar en armonía.

Thank you for learning with us!

doodles & safari

Choosing to teach your child at home can sometimes be a difficult decision for the family financially.

If you know a family in need that would love this book, please send me an email.

I will send you a PDF of this book with no questions asked.

doodlesafari@gmail.com

Made in United States
Orlando, FL
02 December 2023

39992669R00052